Analyse de l'œuvre

Par Fanny Normand
et Pauline Coullet

Les Femmes savantes

de Molière

lePetitLittéraire.fr

Rendez-vous sur lepetitlitteraire.fr et découvrez :

Plus de 1200 analyses
Claires et synthétiques
Téléchargeables en 30 secondes
À imprimer chez soi

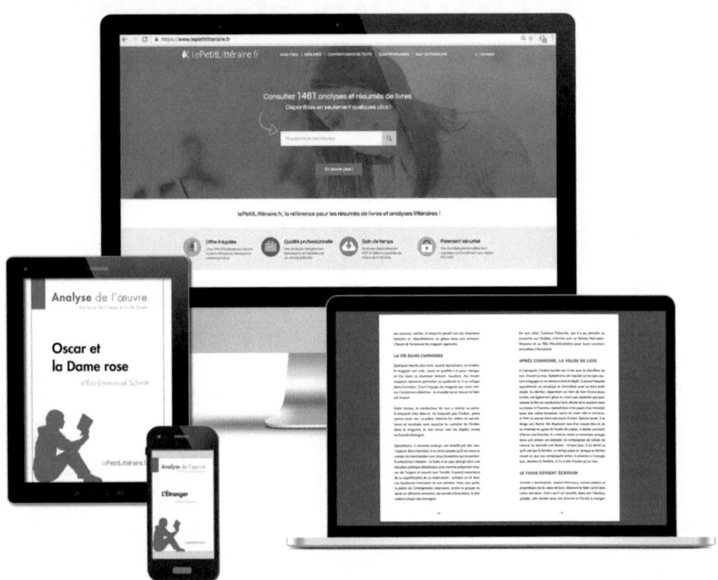

MOLIÈRE

DRAMATURGE, COMÉDIEN ET CHEF DE TROUPE FRANÇAIS

- **Né en 1622 à Paris**
- **Décédé en 1673 dans la même ville**
- **Quelques-unes de ses œuvres :**
  - *Dom Juan* (1665), comédie
  - *L'Avare* (1668), comédie
  - *Le Bourgeois gentilhomme* (1670), comédie-ballet

À la fois auteur, metteur en scène, directeur de troupe et comédien, Molière (de son vrai nom Jean-Baptiste Poquelin) nait à Paris en 1622 dans la bourgeoisie aisée. Il s'oriente très tôt vers le théâtre et fonde avec la comédienne Madeleine Béjart (1618-1672) la troupe de l'Illustre-Théâtre. Après douze ans de théâtre itinérant en province, il revient à Paris où il est remarqué par Louis XIV (1638-1715) qui le prend à son service.

Il écrit essentiellement des comédies dans lesquelles, sous le couvert du rire, il met au jour les défauts de ses contemporains (la préciosité, le pédantisme, l'avarice, etc.) et critique la société du xviie siècle (les pères autoritaires, les faux dévots ou encore les médecins charlatans). Ses nombreuses pièces exercent encore aujourd'hui une influence considérable et font de Molière un auteur majeur du siècle classique. Il meurt à Paris en 1673.

LES FEMMES SAVANTES

LA PRÉCIOSITÉ MISE EN QUESTION...

- **Genre :** comédie
- **Édition de référence :** *Les Femmes savantes*, Paris, Le Livre de Poche, coll. « Théâtre de Poche », 1986, 192 p.
- **1re édition :** 1672
- **Thématiques :** femmes, savoir, ostentation, pédantisme, satire, préciosité

La comédie *Les Femmes savantes* a été jouée pour la première fois en 1672 au Palais-Royal. Il s'agit de l'avant-dernière pièce de Molière. À cette époque, le dramaturge ne composait plus que des comédies-ballets, et n'avait plus produit de grandes comédies en cinq actes et en vers depuis *Le Misanthrope*, en 1666.

Dans cette pièce, Molière exploite le thème de la préciosité qu'il avait déjà abordé dans *Les Précieuses ridicules* en 1659 et dans *L'École des femmes* en 1662. Il y critique les prétentions qu'ont certaines femmes par rapport à l'amour et au savoir. Mais sa pièce propose également une satire de la préciosité qu'il méprise et ridiculise.

RÉSUMÉ

ACTE I

Scène I

Henriette souhaite se marier avec Clitandre et fait part de son projet à sa sœur Armande, qui essaie de l'en dissuader. Pour celle-ci, fonder une famille est grossier et vulgaire. Elle préfèrerait voir sa sœur se consacrer à l'étude. De plus, Armande reproche à Henriette de lui avoir volé sa conquête. En effet, Clitandre a longtemps été son soupirant : elle le soupçonne d'ailleurs de l'aimer encore.

Scène II

Clitandre explique aux deux sœurs qu'effectivement il a désiré Armande pendant deux ans, mais qu'après avoir été repoussé par celle-ci de nombreuses fois, il s'est épris de sa sœur. Henriette souhaite qu'il aille demander sa main à ses parents.

Scène III

Henriette explique à Clitandre qu'il est préférable de s'adresser à sa mère, Philaminte, plutôt qu'à son père, Chrysale, car c'est elle qui décide de tout. Toutefois, les deux amants craignent qu'elle ne se laisse influencer par un ennuyeux savant à qui Philaminte voue une profonde admiration.

Scène IV

Clitandre essaie de parler à Bélise, la sœur de Chrysale, de son amour pour Henriette. Celle-ci mésinterprète ses propos et croit que Clitandre est amoureux d'elle.

ACTE II

Scènes I-IV

Clitandre a finalement décidé d'aller chercher de l'aide auprès d'Ariste, le frère de Chrysale. Celui-ci parvient à convaincre le père, d'une part, de donner son assentiment au mariage de sa fille et, d'autre part, de parler de ce mariage à sa femme Philaminte afin de lui demander son accord.

Scènes V-VI

En chemin, Chrysale rencontre Martine, la servante de cuisine, qui lui apprend qu'elle a été congédiée par Philaminte. Chrysale, qui est satisfait de ses services, veut en connaitre les raisons. Il apprend que sa femme lui reproche son vocabulaire inapproprié et sa grammaire incorrecte. Outré, il en parle à Philaminte. Finalement, incapable de lui tenir tête, il cède et demande à la servante de se retirer.

Scène VII

Chrysale reproche à sa femme de vouloir devenir trop savante, au point de négliger les travaux domestiques. Philaminte et Bélise, la sœur de Chrysale, répliquent qu'il est préférable de nourrir son esprit plutôt que de se préoccuper uniquement du corps et des soins matériels. Chrysale insiste et, indignée, Bélise se retire.

Scène VIII

Chrysale voudrait parler à Philaminte des projets de mariage d'Henriette, mais il n'a pas même le temps de nommer Clitandre : sa femme a déjà décidé de marier sa fille à M. Trissotin, l'ami savant qu'elle admire. Chrysale n'ose pas s'y opposer.

Scène IX

Chrysale explique à son frère, Ariste, que Philaminte a déjà choisi un mari pour Henriette et qu'il n'a pas osé lui parler de Clitandre. Ariste s'indigne de la lâcheté de son frère : « Son pouvoir n'est fondé que sur votre faiblesse./ C'est de vous qu'elle prend le titre de maîtresse. » (v. 679-680) Il le convainc d'aller imposer sa décision à sa femme.

ACTE III

Scènes I-II

M. Trissotin déclame des vers devant Philaminte, Armande, Bélise et Henriette. Bien que le poème soit mauvais, les femmes se pâment d'admiration, à l'exception d'Henriette. Les trois savantes s'enthousiasment tellement pour la science et les belles lettres qu'elles projettent de fonder une académie afin de démontrer que les femmes sont, tout comme les hommes, capables d'être instruites.

Scène III

Vadius, un autre savant ami de Trissotin, se présente. Les deux érudits commencent par se complimenter exagérément l'un l'autre, rivalisant de louanges, jusqu'à ce que Vadius affirme avoir entendu la veille un sonnet dont il ne connait pas l'auteur, mais qui lui a fortement déplu. Trissotin, qui en est l'auteur, s'offusque. S'ensuit une série de répliques désobligeantes et d'insultes. Froissé, Vadius se retire en jurant qu'il se vengera.

Scènes IV-VI

Philaminte offre sa fille Henriette en mariage à M. Trissotin. Armande enjoint sa sœur d'accepter ce parti. Chrysale, quant à lui, est résolu à marier sa fille à Clitandre.

ACTE IV

Scène I

Armande et Philaminte s'indignent de voir que Chrysale s'oppose à leur décision de marier Henriette à M. Trissotin et sont bien décidées à faire respecter leur volonté.

Scène II

Armande et Clitandre se disputent. Elle lui reproche de ne pas avoir su se contenter de l'amour qu'elle lui offrait, un amour dans lequel les liens charnels n'intervenaient pas. Celui-ci réplique que lorsqu'il aime une personne, il aime aussi bien son esprit que son corps. Armande propose de se marier avec lui. Clitandre rétorque que, las d'avoir été repoussé par elle, il s'est épris d'Henriette et que c'est elle qu'il veut maintenant épouser. Armande consent finalement à son mariage avec Henriette. Philaminte met un terme à la discussion en affirmant qu'Henriette épousera M. Trissotin, ce qui afflige Clitandre, ne voyant en cet homme qu'un sot.

Scène III

Clitandre et Trissotin se querellent. Clitandre affirme qu'il est préférable d'être ignorant plutôt que pédant, et qu'un homme savant n'en est pas moins sot. Il accuse certains savants de trop rechercher la gloire et les honneurs, et de n'être en réalité que des usurpateurs.

Scènes IV-V

Philaminte reçoit une lettre de Vadius, qui, vexé par leur altercation, tente de la dissuader de marier sa fille à M. Trissotin, qu'il présente comme un coureur de dot. Elle n'en tient pas compte, bien décidée à faire respecter ses décisions. Clitandre apprend à Chrysale que Philaminte a fait venir le notaire pour régler le mariage.

ACTE V

Scènes I-II

Henriette explique à M. Trissotin qu'elle lui préfère Clitandre. Chrysale, quant à lui, garantit à Henriette qu'en tant que père de famille, il saura se faire respecter de sa femme et que c'est à lui de décider avec qui elle se mariera.

Scène III

Le notaire ne sait qui de Philaminte ou de Chrysale écouter, et les enjoint à se mettre d'accord sur le nom du mari. Martine, la servante, s'en mêle et appuie la décision de Chrysale. Philaminte propose finalement de marier

Clitandre et Armande. Chrysale accepte, à la stupéfaction de Clitandre et d'Henriette.

Scène IV

Alors que le contrat de mariage est sur le point d'être écrit, Ariste apporte deux lettres en provenance de Lyon, qui informent Chrysale et Philaminte qu'à la suite d'un procès, ils sont complètement ruinés. Cette nouvelle n'affecte pas Philaminte, totalement détachée des contraintes matérielles. En apprenant cette ruine, M. Trissotin déclare qu'il ne souhaite plus se marier avec Henriette, prétendant qu'il est las d'être repoussé par elle. Philaminte comprend alors qu'il n'était intéressé que par son argent. Henriette et Clitandre peuvent donc se marier, mais Henriette refuse, par amour : cette ruine annonce un avenir trop mauvais (« Des retours importuns évitons le souci :/ Rien n'use tant l'ardeur de ce nœud qui nous lie,/ Que les fâcheux besoins des choses de la vie. », v. 1750-1752). Finalement, Ariste avoue avoir apporté de fausses nouvelles pour dévoiler le véritable caractère de M. Trissotin. Henriette et Clitandre peuvent donc se marier.

ÉTUDE DES PERSONNAGES

PHILAMINTE, ARMANDE ET BÉLISE

Ce sont les femmes savantes de la pièce. Elles aspirent à devenir ce que l'on appelle des « purs esprits », c'est-à-dire à se détacher autant que possible des contraintes matérielles, qu'elles méprisent, et à ne s'occuper que de l'étude. Elles s'enthousiasment aussi bien pour les sciences que pour la philosophie ou les belles lettres. Pourtant, aucune d'entre elles ne parvient à remarquer que M. Trissotin, le savant qu'elles admirent tant, est en réalité un sot qui ne fait que débiter de mauvais vers. L'intérêt qu'elles portent au savoir est presque fanatique, dans la mesure où il devient leur principal critère de jugement d'une personne. Ainsi, quand Vadius fait son apparition, elles sont toutes trois béates d'admiration lorsqu'elles apprennent qu'il connait un peu le grec. Elles ont toutes les trois des prétentions féministes : elles sont fermement décidées à faire valoir le droit des femmes à l'accession au savoir.

Philaminte

Philaminte est très autoritaire : elle a l'habitude d'imposer ses décisions à son mari, en dépit du bon sens. Elle est aussi très désintéressée (voir sa réaction quand elle se croit ruinée en témoigne) : seule l'étude a de l'importance à ses yeux. Malgré cela, elle manque de discernement et ne voit pas que c'est uniquement par flatterie que M. Trissotin obtient son agrément. Ce n'est que lorsqu'elle découvre que c'est un coureur de dot qu'elle consent au mariage de sa fille avec

Clitandre.

Armande

Armande, la fille de Philaminte, a hérité de sa mère son snobisme intellectuel. Profondément dégoutée par le mariage, elle essaie de dissuader sa sœur Henriette d'épouser Clitandre. Pourtant, on la soupçonne à certains moments de feindre la pruderie par jalousie : elle reproche à plusieurs reprises à Henriette de lui avoir volé sa conquête et propose même à Clitandre de l'épouser. Sa position vis-à-vis de Clitandre et du mariage reste donc ambigüe. Elle soutiendra finalement son mariage avec Henriette.

Bélise

Bélise, la sœur de Chrysale, est une vieille fille fantasque. Elle est persuadée que tous les hommes sont amoureux d'elle. Son pédantisme participe en grande partie à l'aspect comique de la pièce.

CHRYSALE

Mari de Philaminte, Chrysale veut à tout prix éviter toute confrontation avec elle, à tel point que son frère Ariste lui reproche d'être devenu faible et lâche. Exhorté à le faire, il se décide finalement à se rebeller et à imposer ses vues à sa femme. Ses gouts sont parfaitement opposés à ceux de Philaminte : il aimerait vivre à ses aises, et accorde plus d'importance à la bonne tenue du ménage et aux soins matériels qu'à l'étude.

HENRIETTE

Franche et spontanée, Henriette souhaite se marier avec son amant, Clitandre. Elle ne peut prendre appui que sur son oncle Ariste : son père est trop faible pour la défendre face à sa mère, qui veut la marier à M. Trissotin. Son caractère est à l'opposé de celui de sa sœur. Elle aspire à une vie simple et rangée, quand Armande souhaiterait qu'elle sacrifie le mariage au savoir.

CLITANDRE

Autrefois soupirant d'Armande, Clitandre a renoncé à la jeune fille, qui le repoussait, pour devenir l'amant d'Henriette. Il est le seul représentant de la Cour dans la pièce, dont il défend le bon gout face à ses détracteurs. Il méprise depuis longtemps M. Trissotin, en qui il ne voit qu'un homme sot et cupide.

LES SAVANTS

Pour créer ces deux personnages, beaux esprits à la tête vide, Molière se serait inspiré de ses deux ennemis personnels : l'abbé Cotin (1604-1682) et Gilles Ménage (1613-1692), deux littérateurs en vogue pendant les années 1660 qui n'écrivaient que ce que l'on appelle de la « poésie galante » (ou « poésie précieuse »), dont Molière aimait à se moquer. Il s'agit d'un genre très en vogue à une époque où les courtisans et femmes du monde se plaignaient de la vulgarité des mœurs et de la littérature. La poésie galante se définit par son sujet (l'amour chaste et courtois) et des techniques poétiques travaillées, puisqu'elle regroupe le rondeau médiéval (poème à forme fixe), l'épigramme, le madrigal (poème court et sans forme fixe), et le blason (jeu poétique sur un détail du corps féminin). Molière se moque volontiers du style précieux de ces poèmes qui mêlent néologismes, hyperboles et métaphores alambiquées.

M. Trissotin

M. Trissotin est un savant aussi sot que snob. Il parvient à s'attirer les bonnes grâces de Philaminte, de Bélise et d'Armande en les flattant. Celles-ci sont persuadées qu'il est un véritable érudit alors que, comme le font remarquer Chrysale et Clitandre, il est en réalité la risée de tous. Promis par Philaminte à sa fille Henriette, on découvre, à la fin de la pièce, qu'il ne s'intéressait qu'à son argent.

Vadius

Vadius, s'il semble moins sot, est aussi prétentieux et snob que M. Trissotin. Ses tentatives pour avertir Philaminte sur les véritables intentions de Trissotin ne sont mues que par son désir de vengeance, Trissotin l'ayant humilié après leur altercation, et non pour le bienêtre d'Henriette.

ARISTE

Ariste est le frère de Chrysale. Il tente de le raisonner et soutient Henriette et Clitandre dans leur projet de mariage : c'est un personnage discret (il est peu présent dans la pièce) et raisonnable. Lorsqu'il comprend qu'il n'arrivera pas à ses fins, il prend les choses en main et met en place un stratagème pour dévoiler la véritable personnalité de Trissotin. Grâce à lui, les jeunes amants pourront finalement se marier dans la dernière scène.

MARTINE

D'origine paysanne, Martine est la servante de Philaminte et de Chrysale. Elle est incapable d'assimiler les leçons de grammaire et de vocabulaire que tente de lui inculquer la maitresse de maison, ce qui participe de l'effet comique de la pièce (« Mon Dieu, je n'avons pas étugué comme vous,/ Et je parlons tout droit comme on parle cheux nous. », acte II, scène vi). Elle réapparait à la fin de la pièce pour soutenir Chrysale.

CLÉS DE LECTURE

À L'ORIGINE DE LA PIÈCE

On ne peut évoquer *Les Femmes savantes* et le trio des pédantes sans penser aux personnages féminins d'une autre pièce de Molière, *Les Précieuses ridicules*, publiée environ dix ans plus tôt.

LES PRÉCIEUSES RIDICULES

Cathos et Magdelon sont des jeunes précieuses qui arrivent à Paris dans l'espoir d'y vivre des amours raffinés. Elles aiment la littérature et ne veulent fréquenter que des beaux esprits. Gorgibus, le père de Magdelon, décide de les marier à deux prétendants, mais elles se moquent de leurs manières et de leur manque de galanterie. Vexés, ceux-ci veulent se venger.

Cathos et Magdelon reçoivent bientôt la visite du marquis de Mascarille, qui prétend être un homme du monde. Les deux précieuses tombent sous son charme alors qu'il déclame les vers d'un poème ridicule. Arrive ensuite le vicomte Jodelet, qui se présente comme un ami de Mascarille : les deux jeunes filles, conquises, organisent un bal en leur honneur.

Sur ses entrefaites, les deux prétendants reviennent et dévoilent leur manigance : les deux galants n'étaient en réalité que des valets déguisés. Les deux précieuses sont mortifiées et punies de leur arrogance par leur père.

Bien que *Les Précieuses ridicules* soit plus fidèle à la tradition de la farce (l'intrigue consiste en un mauvais tour ; on retrouve le comique du geste avec les coups de bâtons, etc.) que *Les Femmes savantes*, les personnages se correspondent d'une pièce à l'autre :

- Chrysale et Gorgibus sont deux pères passifs devant les figures féminines (trait poussé à l'extrême chez Chrysale) ;
- les trois femmes savantes et les deux précieuses ridicules sont des figures de pédanterie qui échouent dans leurs projets de mariage ;
- Trissotin et Mascarille sont deux sots qui déclament des poèmes ridicules, etc. ;
- Philaminte découvre qu'elle s'est trompée sur la valeur morale de Trissotin, tout comme Magdelon et Cathos au sujet de Mascarille.

Beaucoup de critiques s'accordent à dire que *Les Femmes savantes* représente une sorte de vengeance personnelle de Molière contre les intellectuels arrogants (dont beaucoup de femmes « savantes » issues de l'aristocratie) qui ont dénoncé l'aspect immoral et provocant d'une de ses autres pièces, *L'École des femmes*. L'auteur s'attaque à une personne en particulier : l'abbé Cotin, l'un de ses diffamateurs les plus virulents. Charles Cotin était un académicien qui fréquentait beaucoup le monde et les salons. Beau parleur et arrogant, il écrivait aussi les poèmes galants, très en vogue à l'époque, que Molière critique.

Trissotin (dont le nom était, lors des premières représentations de la pièce, Tricotin, signe de la relation avec le personnage historique) incarne donc tous les défauts de ce mondain : l'orgueil, l'hypocrisie et la susceptibilité. Molière ira même jusqu'à réutiliser les poèmes de Cotin, issus des *Œuvres mêlées* (1659) et des *Œuvres diverses* (1663), pour les mettre dans la bouche de Trissotin :

> « Pour cette grande faim qu'à mes yeux on expose,
> Un plat seul de huit vers me semble peu de chose,
> Et je pense qu'ici je ne ferai pas mal
> De joindre à l'épigramme, ou bien au madrigal,
> Le ragoût d'un sonnet, qui chez une princesse
> A passé pour avoir quelque délicatesse. » (acte III, scène II)

Molière réutilise donc les éléments comiques de l'une de ses pièces pour les réadapter dans une intrigue plus moderne, en s'attaquant cette fois à des précieuses bourgeoises, afin de dénoncer les défauts des prétendues intellectuelles mondaines.

Malgré le contexte historique précis sans lequel prend place la pièce des *Femmes savantes*, cette œuvre semble toujours d'actualité, tant les traits dénoncés se retrouvent dans la société actuelle. À la mort de l'abbé, quelques années plus tard, un ami de Molière fera d'ailleurs cette oraison :

> « Savez-vous en quoi Cotin
> Diffère de Trissotin ?
> Cotin a fini ses jours,
> Trissotin vivra toujours. » (MERLET G., « Molière », in *Études*

littéraires sur le théâtre de Racine, de Corneille et de Molière, Paris, Hachette, 1882, p. 384-490)

LA COMÉDIE

La comédie est un genre mal considéré pendant tout le xviie siècle. Il est perçu comme inférieur à la tragédie. *Les Femmes savantes* présentent quoi qu'il en soit plusieurs caractéristiques qui en font une comédie originale : ces dernières ont retenu l'attention de bien des critiques de l'époque et ont contribué au succès de la pièce. Elle est à la fois une comédie à thèse, de caractère, d'intrigue et de mœurs.

Une comédie à thèse

Molière, à travers cette pièce, défend une thèse dont il tente de démontrer la véracité : il estime que le mariage est mis en péril par la prétention des femmes à vouloir devenir les égales des hommes dans le domaine des sciences et des lettres. Elles deviennent tellement prétentieuses qu'elles en oublient leurs devoirs d'épouse.

Une comédie de caractère

Une comédie de caractère met en scène des personnages ayant un vice particulier afin de dénoncer ce défaut, comme le caractère autoritaire de Philaminte, la faiblesse de son mari ou bien la pédanterie des savantes. La fin de la pièce est d'autant plus réussie que, malgré la résolution, aucun des personnages n'a véritablement dérogé à son caractère :

• Trissotin prouve qu'il est effectivement un mauvais choix

de mari pour Henriette puisqu'il se rétracte, pensant qu'il ne bénéficiera plus de sa dot ;
- Philaminte capitule parce qu'elle n'a pas le choix, non parce qu'elle a ouvert les yeux sur sa déraison ;
- Chrysale triomphe lorsqu'il n'y a plus de dilemme, sans s'être affirmé en tant qu'homme face à son épouse.

Une comédie d'intrigue

Molière a choisi de mettre en scène l'intrigue classique du conflit amoureux : deux amants sont contrariés dans leur projet de mariage par le père ou par la mère. C'est cette intrigue qui unifie l'ensemble hétéroclite des thèmes abordés dans la pièce (la rivalité entre les deux sœurs, la critique de la préciosité et de la poésie galante, la mésentente entre Philaminte et Chrysale, etc.). Elle donne lieu à de nombreux rebondissements.

Une comédie de mœurs

Molière, dans sa pièce, s'attaque à tous les travers de son époque et plus spécifiquement aux défauts bourgeois. Bien entendu, il critique les femmes pédantes, qui prétendent devenir savantes au point de fonder leur propre académie. Pourtant, elles ne sont pas sa seule cible. En effet, face au trio des savantes se trouve le duo des pédants : Viadus et Trissotin. Si Molière fait de Viadus un snob et un sot, c'est surtout Trissotin qu'il cherche à ridiculiser, ce « benêt dont partout on siffle les écrits » (acte I, scène III). En plus d'être prétentieux, le faux savant est hypocrite. Il flatte Philaminte pour pouvoir obtenir la dot de sa fille, tout en se prétendant amoureux d'Hortense. Lorsque cette dernière lui annonce qu'elle aime Clitandre, il n'en démord pas : « Votre grâce et votre air sont les biens, les richesses,/ Qui vous ont attiré mes vœux et mes tendresses ;/ C'est de ces seuls trésors que je suis amoureux. » (acte V, scène I) Trissotin incarne donc l'hypocrisie et l'avarice de la bourgeoisie.

Une comédie de mots

Comme beaucoup de comédies, *Les Femmes savantes* ont pour vocation de faire rire. Pour cela, Molière utilise de nombreux procédés caractéristiques du genre :

- **le quiproquo**. Pendant un dialogue, un des personnages mésinterprète ce qu'on lui dit, ce qui donne lieu à un malentendu qui prête souvent à rire. Par exemple, dans la scène IV de l'acte I, Bélise croit que Clitandre veut lui déclarer son amour, alors que celui-ci essaie de lui parler d'Henriette :

> « CLITANDRE. – Des projets de mon cœur ne prenez point d'alarme ;
> Henriette, Madame, est l'objet qui me charme,
> [...]
> BÉLISE. – Ah certes le détour est d'esprit, je l'avoue,
> Ce subtil faux-fuyant mérite qu'on le loue ;
> [...]
> CLITANDRE. – Ceci n'est point du tout un trait d'esprit, Madame,
> Et c'est un pur aveu de ce que j'ai dans l'âme.
> [...]
> BÉLISE. – Je vois où doucement veut aller la demande,
> Et je sais sous ce nom ce qu'il faut que j'entende ; »

- **les jeux de mots**. Dans la scène VI de l'acte II, Bélise donne une leçon de français à la servante Martine qui comprend certains mots de travers. Ainsi, lorsque Bélise lui demande : « Veux-tu toute ta vie offenser la grammaire ? », elle répond « Qui parle d'offenser grand'mère ni grand-père ? ».

LE RÔLE DES FEMMES DANS LA FAMILLE ET DANS LA SOCIÉTÉ

La question de la place de la femme dans la société, que Molière a déjà traitée dans *Les Précieuses ridicules* et dans *L'École des femmes*, l'a beaucoup préoccupé. Dans *Les Femmes savantes*, elle est à nouveau abordée à travers la question de l'éducation et du mariage.

L'éducation

À l'époque où Molière écrit cette pièce, la question de l'éducation des femmes commence à se poser. Les écoles pour filles sont alors bien moins nombreuses que les écoles pour garçons, et les fillettes sont, en outre, dispensées de calcul, de lecture et d'écriture. Elles ne vont à l'école que pour apprendre les préceptes religieux. Mais peu à peu, au XVIIe siècle, on commence à remettre en question cet état de fait grâce notamment à certains courants qui promeuvent l'éducation des femmes. Molière essaie donc de se positionner sur ce sujet. C'est Clitandre qui, dans la scène III de l'acte I, lui sert de porte-parole : « Je consens qu'une femme ait des clartés de tout ;/ Mais je ne lui veux point la passion choquante/ De se rendre savante afin d'être savante. » Le problème, selon Molière, c'est que l'éducation conduit les femmes au pédantisme. Elles font ainsi preuve d'une certaine affectation des manières, du langage et des sentiments, ainsi que de fausse pruderie ; en somme, tout ce qui enlève au charme de la féminité.

Le mariage

Entre Philaminte et Chrysale, les rôles traditionnels du mari et de la femme sont inversés. En effet, la conception bourgeoise du mariage veut que l'homme assume son statut de chef de famille et que sa femme lui soit obéissante. Or Molière met en scène, d'un côté, la faiblesse d'un homme uniquement préoccupé par les besoins du corps et totalement soumis aux décisions de son épouse, de l'autre, une femme qui incarne le féminisme agressif et la pédanterie intellectuelle. Selon le dramaturge, l'échec du mariage tient à l'usurpation de l'autorité par Philaminte. C'est ce renversement des valeurs que Molière attaque dans sa pièce.

Molière, un misogyne ?

Ainsi, si le combat pour l'éducation des femmes pourrait donner à Molière l'image d'un homme progressiste et féministe, le caractère moqueur envers les trois femmes savantes, prétentieuses parce que désireuses de se cultiver, pose la question de l'éventuelle misogynie du dramaturge. La réponse à cette question est plus complexe que ce qu'elle ne laisse paraitre au premier abord. En réalité, Molière ne se moque pas des femmes qui veulent s'instruire, mais de celles qui prétendent se cultiver alors qu'elles en sont incapables, des précieuses qui deviennent vaniteuses au point d'en oublier leurs devoirs d'épouses. Il faut également prendre en compte le fait que certains autres personnages de la pièce, masculins, sont tout autant ridiculisés, comme Chrysale ou M. Trissotin. Par ailleurs, notons que dans *L'École des femmes*, les moqueries de Molière visent les hommes qui tiennent absolument à ce que les femmes ne soient pas éduquées. Conclure à la misogynie de Molière après la lecture de la pièce serait donc oublier qu'en tant qu'auteur de comédies, le dramaturge se moque de tous, et pas seulement des femmes.

LA PRÉCIOSITÉ

La préciosité est un phénomène qui voit le jour dans la première moitié du xviie siècle dans les salons littéraires. Elle se caractérise par une recherche de la pureté du langage et des sentiments. Dans *Les Précieuses ridicules*, la préciosité se caractérise par la pruderie et par l'affectation du langage. Or, avec *Les Femmes savantes*, elle prend une dimension nouvelle : celle d'un gout presque fanatique pour les sciences.

Le dédain pour le mariage

Le trait le plus caractéristique de la femme précieuse est sa pruderie, c'est-à-dire son dégout pour les relations charnelles intrinsèques au mariage. C'est le cas d'Armande, qui essaie de dissuader sa sœur d'épouser Clitandre. Pour elle, le mariage doit être détaché de toute attirance physique. Elle exige, au contraire, la soumission absolue de l'amant et le respect total de la femme. Dans la tradition littéraire, ce culte voué à la dame remonte à la poésie courtoise du xiiie siècle. Elle ne voit donc pas une relation amoureuse épanouie dans le mariage mais dans l'amour courtois, un amour

où l'homme chante les louanges de la femme, qu'il consi-
dère comme pure et parfaite, sans jamais consommer son
amour. Mais la répulsion des femmes vis-à-vis du mariage
semble à Molière contre nature. C'est encore une fois à travers Clitandre qu'il exprime son point de vue : « Et mon âme
et mon corps marchent de compagnie. » (acte IV, scène ɪɪ)
Pour Clitandre comme pour Molière, l'amour englobe à la
fois l'aspect physique et l'aspect moral.

L'affection du langage

C'est principalement Armande et Bélise qui, dans cette
pièce, emploient un langage affecté et utilisent des expressions contournées et excessivement raffinées. En effet, on
retrouve dans leurs propos certains tics de langage caractéristiques de la préciosité. Elles emploient par exemple
souvent le pronom « on » pour parler d'elles-mêmes. Ainsi,
Bélise dit-elle :

> « Il suffit que l'on est contente du détour
> Dont s'est adroitement avisé votre amour,
> Et que sous la figure où le respect l'engage,
> On veut bien se résoudre à souffrir son hommage,
> Pourvu que ses transports, par l'honneur éclairés,
> N'offrent à mes autels que des vœux épurés. » (acte I,
> scène ɪv)

Le caractère alambiqué de cette tirade de Bélise ainsi que
son style ampoulé sont une autre caractéristique du langage précieux. Aussi leur façon de parler abonde-t-elle en
expressions outrées (« Ah, mon Dieu ! fi ! », acte I, scène ɪ)
ou superlatives, telles que pendant la lecture du poème par
Trissotin (« On n'en peut plus. On pâme. On se meurt de

plaisir », acte III, scène II). Ces femmes précieuses utilisent également à maintes reprises des métaphores très sophistiquées. Par exemple, dans la première scène de l'acte I, alors que Trissotin s'apprête à lire un poème aux trois précieuses et qu'il réclame toute leur attention, Philaminte réplique : « Pour me le rendre cher, il suffit de son père », ce à quoi le poète répond : « Votre approbation peut lui servir de mère ». Ici, le « père » renvoie de façon métaphorique à Trissotin, le père du poème, et la « mère » renvoie à l'approbation de Philaminte. Aux yeux des précieuses, toutes ces expressions sont un moyen de se démarquer du vulgaire, du commun, et constituent une preuve de raffinement et d'élégance. Molière, lui, prend plaisir à s'en moquer.

L'intérêt pour les belles-lettres

L'originalité de cette pièce par rapport à *L'École des femmes* réside dans le fait que Molière fait des précieuses des femmes qui ne vivent que pour les sciences et les belles-lettres, au point qu'elles en perdent tout discernement.

Molière se moque régulièrement de la poésie galante qu'il trouve trop compliquée, maniérée et trop fade. Pour lui, ces poèmes n'ont aucun intérêt, puisqu'ils remplacent la véritable inspiration par des jeux de mots stupides, des phrases longues et alambiquées, et des déclamations artificielles. Il pastiche cette poésie pendant la lecture de M. Trissotin (acte III, scène II). Face à ce mauvais poème, l'extase de Philaminte, d'Armande et de Bélise semble donc ridicule. La nullité du poème est justement mise en relief grâce aux commentaires de ces trois précieuses, qui ne tarissent pas d'éloges à son propos. Comme par l'effet d'une loupe grossissante, c'est le ridicule même de ces commentaires qui finit de discréditer le poème de Trissotin.

LA POSTÉRITÉ DES *FEMMES SAVANTES*

Molière, dans *Les Femmes savantes*, sort donc de la tradition de la farce (avec *Les Précieuses Ridicules*) pour faire une grande comédie de mœurs. La pièce a été jouée en 1672 avec Molière lui-même dans le rôle de Chrysale, et, fait intéressant, un homme dans le rôle de son épouse Philaminte (sans doute pour insister sur la virilité du personnage).

La pièce connait, à ses débuts, un certain succès. Ce dernier s'essouffle néanmoins assez rapidement, notamment parce que la satire de la Cour n'intéresse pas beaucoup le peuple. La pièce fera l'objet, au xviiie siècle, de vives critiques de la part des philosophes, comme Voltaire (1694-1778) et d'Alembert (1717-1783), qui protestent contre l'idée de ridiculiser l'émancipation des femmes. Elle aura pourtant toujours autant de succès et sera jouée près de 740 fois au xixe siècle. Aujourd'hui encore, le succès de *Les Femmes savantes* ne se dément pas et la pièce est toujours régulièrement jouée au théâtre.

PISTES DE RÉFLEXION

QUELQUES QUESTIONS POUR APPROFONDIR SA RÉFLEXION...

- La pièce *Les Femmes savantes* a souvent été comparée aux *Précieuses ridicules*. Quels sont leurs points communs ?
- Quelles sont les manifestations de la préciosité chez Philaminte, Armande et Bélise ?
- En quoi le comportement de Philaminte est-il répréhensible ?
- En quoi l'attitude des femmes savantes est-elle ridicule ?
- Que dire de l'attitude de Trissotin et Vadius ? Qui sont leurs modèles historiques ?
- Relevez, dans la scène II de l'acte III, les expressions qui relèvent du langage précieux. Expliquez pourquoi ces expressions prêtent à rire.
- Peut-on dire que Philaminte, Bélise et Armande sont féministes ? Expliquez.
- Quelle est, selon vous, l'utilité du personnage de Bélise dans la pièce ? Expliquez.
- Selon vous, Molière se moque-t-il seulement des trois précieuses de la pièce, Philaminte, Armande et Bélise ? Justifiez.
- Peut-on dire que Molière se montre misogyne dans cette pièce ? Justifiez.

Votre avis nous intéresse !
Laissez un commentaire sur le site de votre librairie en ligne
et partagez vos coups de cœur sur les réseaux sociaux !

POUR ALLER PLUS LOIN

ÉDITION DE RÉFÉRENCE

- Molière, *Les Femmes savantes*, Paris, Le Livre de Poche, 1986.

ÉTUDES DE RÉFÉRENCE

- Adam A., *Histoire de la littérature française au xviiᵉ siècle*, Paris, Albin Michel, 1997.
- Merlet G., « Molière », in *Études littéraires sur le théâtre de Racine, de Corneille et de Molière*, Paris, Hachette, 1882, p. 384-490.
- Reynier G., Les Femmes savantes *de Molière : étude et analyse*, Paris, Mellottée, 1937.

SUR LEPETITLITTÉRAIRE.FR

- Commentaire de lecture portant sur la scène I de l'acte I des *Femmes savantes*.
- Commentaire de lecture portant sur la scène II de l'acte II de *Dom Juan* de Molière.
- Commentaire de lecture portant sur la scène I de l'acte II du *Bourgeois gentilhomme* de Molière.
- Commentaire de lecture portant sur le monologue d'Harpagon de *L'Avare* de Molière.
- Commentaire de lecture portant sur la scène IV de l'acte V du *Misanthrope* de Molière.
- Commentaire de lecture portant sur la scène X de l'acte III du *Malade imaginaire* de Molière.

- Commentaire de lecture portant sur la scène VI de l'acte III du *Tartuffe* de Molière.
- Commentaire de lecture portant sur la scène IX des *Précieuses* ridicules de Molière.
- Commentaire de lecture portant sur les scènes I et II de l'acte I de *George Dandin* de Molière.
- Fiche de lecture sur *Amphitryon* de Molière.
- Fiche de lecture sur *Dom Juan*.
- Fiche de lecture sur *George Dandin*.
- Fiche de lecture sur *L'Avare*.
- Fiche de lecture sur *L'École des Femmes* de Molière.
- Fiche de lecture sur *L'Impromptu de Versailles* de Molière.
- Fiche de lecture sur *Le Bourgeois gentilhomme*.
- Fiche de lecture sur *Le Malade imaginaire*.
- Fiche de lecture sur *Le Médecin volant* de Molière.
- Fiche de lecture sur *Le Misanthrope*.
- Fiche de lecture sur *Le Tartuffe*.
- Fiche de lecture sur *Les Fourberies de Scapin* de Molière.
- Fiche de lecture sur *Les Précieuses ridicules*.
- Questionnaire portant sur *Dom Juan*.
- Questionnaire portant sur *Georges Dandin*.
- Questionnaire portant sur *L'Avare*.
- Questionnaire portant sur *L'École des femmes*.
- Questionnaire portant sur *Le Bourgeois gentilhomme*.
- Questionnaire portant sur *Le Malade imaginaire*.
- Questionnaire portant sur *Le Médecin volant*.
- Questionnaire portant sur *Le Misanthrope*.
- Questionnaire portant sur *Les Fourberies de Scapin*.
- Questionnaire portant sur *Les Précieuses ridicules*.

Retrouvez notre offre complète sur lePetitLittéraire.fr

- des fiches de lectures
- des commentaires littéraires
- des questionnaires de lecture
- des résumés

DUMAS
- Les Trois Mousquetaires

ÉNARD
- Parlez-leur de batailles, de rois et d'éléphants

FERRARI
- Le Sermon sur la chute de Rome

FLAUBERT
- Madame Bovary

FRANK
- Journal d'Anne Frank

FRED VARGAS
- Pars vite et reviens tard

GARY
- La Vie devant soi

GAUDÉ
- La Mort du roi Tsongor
- Le Soleil des Scorta

GAUTIER
- La Morte amoureuse
- Le Capitaine Fracasse

GAVALDA
- 35 kilos d'espoir

GIDE
- Les Faux-Monnayeurs

GIONO
- Le Grand Troupeau
- Le Hussard sur le toit

GIRAUDOUX
- La guerre de Troie n'aura pas lieu

GOLDING
- Sa Majesté des Mouches

GRIMBERT
- Un secret

HEMINGWAY
- Le Vieil Homme et la Mer

HESSEL
- Indignez-vous !

HOMÈRE
- L'Odyssée

HUGO
- Le Dernier Jour d'un condamné
- Les Misérables
- Notre-Dame de Paris

HUXLEY
- Le Meilleur des mondes

IONESCO
- Rhinocéros
- La Cantatrice chauve

JARY
- Ubu roi

JENNI
- L'Art français de la guerre

JOFFO
- Un sac de billes

KAFKA
- La Métamorphose

KEROUAC
- Sur la route

KESSEL
- Le Lion

LARSSON
- Millenium I. Les hommes qui n'aimaient pas les femmes

LE CLÉZIO
- Mondo

LEVI
- Si c'est un homme

LEVY
- Et si c'était vrai…

MAALOUF
- Léon l'Africain

MALRAUX
- La Condition humaine

MARIVAUX
- La Double Inconstance
- Le Jeu de l'amour et du hasard

MARTINEZ
- Du domaine des murmures

MAUPASSANT
- Boule de suif
- Le Horla
- Une vie

MAURIAC
- Le Nœud de vipères

MAURIAC
- Le Sagouin

MÉRIMÉE
- Tamango
- Colomba

MERLE
- La mort est mon métier

MOLIÈRE
- Le Misanthrope
- L'Avare
- Le Bourgeois gentilhomme

MONTAIGNE
- Essais

MORPURGO
- Le Roi Arthur

MUSSET
- Lorenzaccio

MUSSO
- Que serais-je sans toi ?

NOTHOMB
- Stupeur et Tremblements

ORWELL
- La Ferme des animaux
- 1984

PAGNOL
- La Gloire de mon père

PANCOL
- Les Yeux jaunes des crocodiles

PASCAL
- Pensées

PENNAC
- Au bonheur des ogres

POE
- La Chute de la maison Usher

PROUST
- Du côté de chez Swann

QUENEAU
- Zazie dans le métro

QUIGNARD
- Tous les matins du monde

RABELAIS
- Gargantua

RACINE
- Andromaque
- Britannicus
- Phèdre

ROUSSEAU
- Confessions

ROSTAND
- Cyrano de Bergerac

ROWLING
- Harry Potter à l'école des sorciers

SAINT-EXUPÉRY
- Le Petit Prince
- Vol de nuit

SARTRE
- Huis clos
- La Nausée
- Les Mouches

SCHLINK
- Le Liseur

SCHMITT
- La Part de l'autre
- Oscar et la Dame rose

SEPULVEDA
- Le Vieux qui lisait des romans d'amour

SHAKESPEARE
- Roméo et Juliette

SIMENON
- Le Chien jaune

STEEMAN
- L'Assassin habite au 21

STEINBECK
- Des souris et des hommes

STENDHAL
- Le Rouge et le Noir

STEVENSON
- L'Île au trésor

SÜSKIND
- Le Parfum

TOLSTOÏ
- Anna Karénine

TOURNIER
- Vendredi ou la Vie sauvage

TOUSSAINT
- Fuir

UHLMAN
- L'Ami retrouvé

VERNE
- Le Tour du monde en 80 jours
- Vingt mille lieues sous les mers
- Voyage au centre de la terre

VIAN
- L'Écume des jours

VOLTAIRE
- Candide

WELLS
- La Guerre des mondes

YOURCENAR
- Mémoires d'Hadrien

ZOLA
- Au bonheur des dames
- L'Assommoir
- Germinal

ZWEIG
- Le Joueur d'échecs

www.lepetitlitteraire.fr

ISBN version numérique : 978-2-8062-2032-5
ISBN version papier : 978-2-8062-1202-3
Dépôt légal : D/2013/12603/431

Avec la collaboration de Pauline Coullet pour l'étude du personnage d'Ariste ainsi que pour les chapitres « À l'origine de la pièce », « Une comédie de caractère », « Une comédie de mœurs » et « La postérité des *Femmes savantes* ».

Conception numérique : Primento, le partenaire numérique des éditeurs.

Ce titre a été réalisé avec le soutien de la Fédération Wallonie-Bruxelles, Service général des Lettres et du Livre.